AF330658

LA
QUESTION DU DRAPEAU

Appel au Bon Sens & a la Justice

SUIVIE DES

MANIFESTES de M. le Comte DE CHAMBORD

ET D'UNE

ÉTUDE DE M. ARMAND DE PONTMARTIN SUR LE DRAPEAU

SECONDE ÉDITION

REVUE ET AUGMENTÉE

PARIS

Julien FÉCHOZ, libraire

5, rue des Saints-Pères, 5.

1876

LA

QUESTION DU DRAPEAU

LA
QUESTION DU DRAPEAU

Appel au Bon Sens & a la Justice

SUIVIE DES

MANIFESTES de M. le Comte DE CHAMBORD

ET D'UNE

ÉTUDE DE M. ARMAND DE PONTMARTIN SUR LE DRAPEAU

SECONDE ÉDITION

REVUE ET AUGMENTÉE

PARIS

Julien FÉCHOZ, libraire

5, rue des Saints-Pères, 5.

1876

IMPRIMERIE COOPÉRATIVE DE REIMS, RUE PLUCHE, 24 (E. GÉNY, DIR.)

« Il a été à la peine, il est juste qu'il soit à
l'honneur. »

(JEANNE D'ARC.)

« Quand le drapeau blanc tomba, il tomba
victorieux du haut des murs d'Alger. »

(***)

« Il a flotté sur mon berceau, je veux qu'il
ombrage ma tombe.... Je le confierai sans
crainte à la vaillance de notre armée : il n'a
jamais suivi, elle le sait, que le chemin de
l'honneur.... Dans les plis de cet étendard
sans tache, je vous apporterai l'ordre et la
liberté. »

(*Manifeste de 1871.*)

PRÉFACE DE LA SECONDE ÉDITION

Le moment paraîtra peut-être à quelques-uns étrangement choisi pour entreprendre la publication d'une édition nouvelle de LA QUESTION DU DRAPEAU. La tournure peu favorable à une restauration monarchique que prend, en apparence du moins, l'étrange politique inaugurée le 25 février 1875, semble, en effet, rendre inutile, ou tout au moins inopportun, cet appel nouveau adressé par nous à la *justice* et au *bon sens* de notre pays.

L'auteur n'hésite pas cependant; et un double motif expliquera sa résolution. C'est en 1874, au lendemain de l'échec de la tentative de restauration monarchique du mois d'octobre 1873, qu'il conçut la pensée de traiter cette question, les préjugés, les colères et les passions suscités par la lettre de Salzbourg lui en ayant démontré l'urgente et indispensable utilité.

L'accueil sympathique et empressé que le public a bien voulu faire à ce travail, les témoignages de haute approbation que l'auteur a reçus, ont été pour lui la preuve irrécusable de l'intérêt palpitant qui s'attachait à cette question du drapeau (1) et du peu d'hostilité qu'en réalité elle rencontrait dans l'opinion publique.

Le peu de foi, d'ailleurs, qu'il y a lieu de fonder sur la durée.... — mon Dieu, il faut dire le mot — du *gâchis* politique qu'une majorité affolée et toute de circonstance a eu la pré-

---

(1) Un publiciste distingué lui écrivait à propos de cette brochure :
« ... Oui, le drapeau est bien à l'heure présente *une question* et pour
» la France et pour nous, royalistes, l'une des plus graves et des plus
» importantes questions. Tout peuple qui est en lutte, tout homme qui
» combat a besoin d'un drapeau ; et c'est l'honneur, c'est la dignité,
» c'est la justice, c'est le droit qui sont honorés ou méprisés par le dra-
» peau. »

8

tention d'élever à la hauteur d'une institution devant vivre...
non plus *sept* ans déjà, mais quatre *ans* encore, et, du reste,
prudemment même déclarée *révisable* avant cette époque, nous
donne l'espoir, nous pouvons presque dire la certitude, que la
question monarchique se posera inévitablement et nécessairement sous peu, en dépit des oppositions mesquines et mala-
droites et des prétendues impossibilités que la mauvaise foi et
la couardise des *politiques* se sont plu à soulever contre elle.

« Quand la France est au plus bas, a écrit le cardinal de Ri-
chelieu, c'est le moment où elle s'élève le plus haut: plongez-la
dans l'abîme, elle remontera jusqu'au ciel. »

Cette foi consolante est la nôtre, et nous l'avons robuste au
cœur!

La question monarchique, donc, n'étant qu'assoupie et devant renaître, et renaître prochainement, c'est le moment ou jamais de préparer la solution qui doit intervenir. La question du
drapeau sur laquelle, suivant nous, le silence a été gardé trop
longtemps, a fait explosion tout à coup en octobre 1873.
Abordée et discutée plus tôt, ce problème si clair, si simple,
si juste, si honnête, n'eût point soulevé, au moment utile, la
tempête et les orages dont nous avons été les témoins attristés,
et dont la conséquence a été de rejeter momentanément au
large le vaisseau royal qui portait notre fortune.

L'esprit français, si prompt à s'emporter, se calme vite, et le
premier moment chez lui est seul à craindre et à redouter. La
réflexion et le sang-froid lui reviennent bientôt, et ce qu'il déclarait impossible hier il le proclame utile et nécessaire le lendemain. Mauvaise tête, mais bon cœur, âme droite et loyale surtout, voilà le Français!

C'est pourquoi nous gardons confiance que ces pages lues
froidement, loyalement, sans parti pris, les yeux prévenus fini-
ront par s'ouvrir et les cœurs obstinés par comprendre.... Un
peu de patriotisme aidant, la question du drapeau sera ré-
solue.

(Mai 1876.)

AVANT-PROPOS

Nous adressant *à nos lecteurs*, nous écrivions en tête de la première édition de la *Question du Drapeau* :

« *L'Heure de Dieu ne serait-elle point encore venue, et la* parole *manquerait-elle encore à la France ?...*

» *Il faut avouer que certains Français — nous ne disons pas la France — opposent de terribles obstacles au bon vouloir si visiblement exprimé par la Providence de nous sauver. Dieu a cependant miraculeusement préparé les voies pour nous rendre le salut facile ; il a mis le port en vue, le port... avec toutes ses sécurités et ses espérances ! Il nous suffirait, pour y entrer sûrement, de déployer l'antique et* blanche *voile de notre esquif et de nous laisser porter doucement par le flot... et voici que nous dédaignerions de l'offrir à la brise céleste qui doit la gonfler, et que nous préférerions ramer péniblé-ment encore, louvoyer de nouveau à travers les écueils, nous abandonner aux courants divers qui s'opposent à notre marche et fermer volontairement les yeux pour ne point voir les nuages qui s'accumulent à l'horizon et l'abîme entr'ouvert sous nos pas !... Serait-ce assez de témérité et de folie ?*

» *C'est pourtant là ce que nous conseillent de faire, à l'heure où nous écrivons, certains hommes qui se croient de profonds politiques et de grands patriotes.*

» *O* Libéralisme, *fausse monnaie de la véritable liberté, on te reconnaît à l'œuvre !... Encore une fois tu veux perdre la France !* »

Lorsque notre plume traçait ces lignes, ou plutôt cet appel à la sagesse de notre pays, en *octobre 1874,* sans doute le *septennat* était admis en principe, mais il n'était pas encore *organisé,* si toutefois on peut appeler organisation ce *je ne sais quoi* qui s'est accompli depuis cette époque. Le septennat n'était que le septennat, c'est-à-dire le pouvoir exécutif confié pour sept années au maréchal de Mac-Mahon, ce n'était pas encore le septennat *républicain* voté depuis par des monarchistes, voire même par des royalistes. Il était encore permis d'espérer que la froide raison et le bon sens viendraient à prévaloir en présence des difficultés et de l'anomalie de l'œuvre entreprise ; qu'on renoncerait à organiser le régime qui devait successivement devenir le *septennat,* le *quinquennat,* etc., etc., pour en arriver à n'être plus rien du tout et à laisser le pays, à une époque prévue longtemps à l'avance, en présence du *néant* en fait de gouvernement, laissant ainsi aux convoitises de tous les partis le temps de préparer et de fourbir leurs armes en vue de cette époque à échéance fixe.

Nous avions trop présumé du patriotisme de l'Assemblée de Versailles en pensant qu'au lieu d'élever une tente sans lendemain pour notre infortunée patrie, nos représentants comprendraient la nécessité d'édifier quelque chose qui fût digne d'elle, de son passé et de ses destinées à venir.

Notre espoir a été déçu... On a détourné la tête pour ne pas voir le port, on a plié les voiles et on s'est mis en panne, préférant attendre et risquer les orages et la tempête plutôt que d'obéir à l'auguste et honnête pilote qui nous conviait d'y entrer. On a eu peur du juste, du bien, du droit, on a eu peur du *Roi,* et par haine du DRAPEAU BLANC, certains hommes ont préféré courir le risque de courber la tête sous le hideux DRAPEAU ROUGE.

Puisse cette faute, ce crime vis-à-vis de la France, n'entraîner point pour elle et pour chacun de nous en particulier, les conséquences terribles que les esprits clairvoyants et sages redoutent à juste titre.

Quant à nous, nous continuons notre œuvre de propagande. Persuadé que dans cette lutte journalière et éternelle du bien et du mal, le bien doit avoir définitivement le dessus, nous nous saisissons de nouveau de notre glorieux étendard, nous l'offrons de rechef aux yeux de la France comme le symbole du salut, et, comme jadis Constantin, lui offrant la croix, nous lui répétons :

IN HOC SIGNO VINCES !

I

LA QUESTION DU DRAPEAU.

Il se fait autour de cette question, la question du drapeau, un bruit que comprennent peu les intelligences droites et honnêtes. Il faut le constater à la louage des loyales populations de nos villes et de nos campagnes, malgré les mensonges et les calomnies répandues journellement et à profusion contre le drapeau blanc par les bonapartistes et les républicains, l'ouvrier et le paysan, dont les noms sont constamment invoqués, ne nourrissent nullement, contre le glorieux étendard de nos rois, les préjugés absurdes et les répulsions injustes que l'on prétend. Beaucoup d'habitants de nos campagnes, quand on les interroge à cet égard, déclarent hautement qu'ils ne comprendraient point le roi revenant sans son drapeau. Leur bon sens naturel leur dit, en effet, qu'on ne renie pas ses ancêtres, alors surtout qu'ils nous ont légué un patrimoine de gloire et d'honneur incontestables.

La solution de la question du drapeau se trouve tout entière dans ces quelques mots; mais examinons-la plus à fond, afin que tout malentendu disparaisse.

On l'a dit, il y a longtemps : la France est le pays où l'on se paye de mots le plus facilement. Aujourd'hui, ce n'est plus même à un mot, c'est à une lettre, à un *i* au lieu d'un *y*, qu'on attache une importance qui ne prouve qu'une chose : l'irrémédiable puérilité d'esprit de ceux qui s'efforcent d'établir de semblables distinctions, et le plus complet oubli de ce vieux dicton : *En France le ridicule tue.*

Il y a ceci de remarquable : le plus grand nombre des partisans du drapeau tricolore reconnaissent que, au fond, la question du drapeau ne signifie rien ; que le gouvernement du roi Louis XVIII avec le drapeau blanc fut infiniment plus libéral que le gouvernement personnel des Napoléon avec le drapeau tricolore ; que le retour du drapeau blanc ne donnera pas à Henri V les idées absolutistes et surannées qu'on lui prête, pas plus que l'adoption par lui du drapeau tricolore ne lui inculquerait les idées révolutionnaires qu'il repousse. Beaucoup avouent même que si les gloires du drapeau blanc furent moins bruyantes que celles du drapeau tricolore, elles furent, en revanche, exemptes de tout excès, et, en définitive, beaucoup plus réelles et beaucoup plus profitables à la France. Quel motif reste donc à leur déraisonnable opposition ?

II

LES CIRCONSTANCES.

Nous avons entendu bien des fois invoquer les circonstances à l'appui de la thèse qui entendait établir que le retour du drapeau blanc était impossible : « *Les circonstances ne le permettent pas,* » dit-on.

« Les circonstances ne le permettent pas!... » N'est-ce pas la phrase que nous entendons prononcer tous les jours, en politique, à propos du mal qu'il faut éviter et du bien qu'il s'agit d'accomplir ?

Nous ne connaissons pas de parole plus désolante, moins *française* et moins en rapport avec les prétentions orgueilleuses et libérales du siècle. Nos pères étaient plus grands et plus fiers que cela dans leur langage : « *Fais ce que dois, advienne que pourra,* » telle était la noble devise de ces hommes vraiment libres.

« Les *circonstances!...* » Mais les circonstances sont la plupart du temps ce que nous les faisons, et c'est notre faute si, souvent, elles deviennent contraires aux intérêts que nous voulons servir, aux principes que nous désirons faire triompher.

Un éloquent député de la droite, M. Lucien

Brun, le constatait un jour à la tribune de l'Assemblée constituante.

« Les *circonstances*, disait-il, ont souvent per-
» mis de ne pas appliquer, quand on est au pou-
» voir, les principes qu'on a défendus quand on
» était dans l'opposition... Les circonstances ont
» permis... de défendre des principes, de les af-
» firmer, et puis, à chaque instant, lorsqu'un in-
» térêt l'exige, d'agir contrairement à ces prin-
» cipes. On ajoute que cela est politique, et l'on
» traite d'impolitiques ceux qui ne se conduisent
» pas ainsi selon les circonstances. Les circons-
» tances, en politique, c'est le droit d'être en dé-
» saccord avec soi-même.

» J'appartiens, ajoutait cet honorable député, à
» une opinion qui ne fait pas aux circonstances le
» sacrifice de ce qu'elle croit être la vérité, à une
» opinion qui vous demande aujourd'hui ce qu'elle
» a voulu hier... »

On ne pouvait mieux dire assurément.

Les *circonstances*, mot commode, en effet, qui encourage toutes les félonies et sous lequel s'abritent toutes les défaillances et toutes les désertions.

Derrière « *les circonstances* » se sont retranchés, dans tous les temps, les apostats de toutes les religions et de tous les régimes politiques, les renégats de toutes les grandes et saintes causes

Comme l'écrivait récemment un publiciste distingué, « avec des opinions *selon les circonstances*, on accepte l'usurpation en regrettant qu'elle ne soit pas le droit légitime, on accepte la République tout en reconnaissant que la Monarchie vaut mieux pour le pays. »

Ce sont « *les circonstances* » qui ont déterminé les Girondins à voter la mort du roi Louis XVI, quoiqu'ils ne la voulussent pas, et qui ont dicté à Philippe-Egalité le vote parricide qui déshonore à tout jamais sa mémoire.

C'est au nom « *des circonstances* » que fut conduite et exécutée dans les fossés de Vincennes cette noble victime du despotisme impérial, ce jeune et vaillant duc d'Enghien, de si doux et chevaleresque souvenir, de la triste fin duquel Lamartine a écrit si justement que « ni les hommes ni l'histoire ne pardonneront à Napoléon cette goutte de sang. »

« *Les circonstances* » permirent à M. Thiers et à Deutz de traiter ensemble et face à face, et, qui sait ? de *poétiser* peut-être à leurs propres yeux l'infâme marché que l'un allait conclure et l'ignoble trahison que l'autre allait consentir.

« *Les circonstances* » décidèrent Louis Bonaparte à faire mentière de s serment et à porter ses mains coupables sur la Représentation nationale lors de son *coup de nuit* de décembre 1851.

Les criminels du 4 *septembre*, ces hommes néfastes qui achevèrent la France, Gambetta « *le dictateur de l'incapacité* », Jules Favre, « *le généreux ami* » de M. Thiers, n'invoquent pas d'autre excuse que « *les circonstances.* »

C'est sur « *les circonstances* » que M. Thiers, alors qu'il détenait le pouvoir, fondait son refus de consentir cette responsabilité ministérielle dont l'Assemblée réclamait le rétablissement et que lui-même, sous l'Empire, déclarait être une des *libertés nécessaires* du pays, prétendant conserver absolu entre ses mains ce pouvoir autoritaire qu'il s'était attribué et dont il signalait naguère le danger en ces termes : « *Il ne faut jamais livrer son pays à un homme, quel que soit cet homme, quelles que soient les* CIRCONSTANCES. » C'est en invoquant, enfin, *les circonstances* que nous avons vu, le 25 février 1875, des monarchistes voter la République.

C'est donc avec grande raison qu'on a pu écrire :

« Les opinions *selon les circonstances* engendrent l'abaissement continu... On se croit sage parce qu'on n'est fidèle à rien et que la flexibilité politique veut passer pour une vertu. Tous ces personnages de la France « libérale » demandent qu'on les laisse libres de céder et de se livrer : la liberté de s'aplatir a pris rang parmi les libertés nécessaires. »

Que c'est triste, mais que c'est vrai !

III

QU'EST-CE QUE LE DRAPEAU?

Le drapeau n'est rien autre chose que l'emblème, le symbole d'une idée ou d'un principe. Comprend-on un symbole qui serait la représentation de trois ou quatre idées ou de plusieurs principes, non-seulement différents, mais tout à fait contraires et opposés entre eux ? Assurément un pareil emblème, s'il se pouvait concevoir, ne symboliserait qu'une chose unique : *l'anarchie.*

C'est pourtant cet emblème d'anarchie que des hommes d'expédients et de compromis supplient M. le comte de Chambord d'adopter, en lui conseillant d'abriter ses destinées et les nôtres sous les plis du drapeau tricolore, qui fut successivement le drapeau de la première République, du Directoire, du premier Empire, de la Révolution de Juillet, de la deuxième République, du second Empire et enfin de la République révisable sous laquelle la France achève, définitivement peut-être, d'agoniser et de mourir !

S'il se pouvait que le souhait de ces hommes pût être accueilli par le Roi et que la monarchie traditionnelle fût rétablie avec les trois couleurs pour étendard, dès demain tous les partis qui divisent notre malheureuse patrie pourraient, sur n'importe quel point du territoire français, arborer à leur gré le drapeau de la révolte contre le gouvernement légitime du pays, sans qu'on pût distinguer si c'est la République, l'Empire ou je ne sais quel autre prétendant qui, séparément ou tous ensemble, se dissimulent et se cachent sous les plis de cette bannière, qui fut dans le passé et qui doit demeurer dans l'avenir exclusivement la leur.

Indépendamment de toutes autres considérations, celle-ci ne suffit-elle pas pour justifier la ferme et digne résistance de M. le comte de Chambord, et pour démontrer l'illogisme et l'insanité de la prétention qui veut imposer à ce prince un autre drapeau que le sien : drapeau de la France des heureux jours, de cette France alors assurée d'un lendemain, qui possédait de fortes et illustres alliances dans le monde ; de cette France grande et prospère, dont un roi de Prusse a pu dire que, s'il avait l'honneur d'être son roi, un seul coup de canon ne se tirerait pas en Europe sans sa permission ?

Hélas ! que nous sommes loin de ce temps-là !

IV

UNE OBJECTION.

C'est ici le lieu de répondre à une objection que nous avons entendu formuler plusieurs fois, celle-ci : « Il serait certainement désirable que l'on pût reprendre le drapeau blanc ; mais, si nous supposons la monarchie rétablie et une émeute se déclarant et s'abritant sous les plis du drapeau tricolore, il est certain que jamais l'armée ne consentirait à tirer sur les révoltés. »

Nous avons, quant à nous, une opinion toute différente et meilleure de l'esprit qui anime l'armée française. L'idée du devoir est trop bien comprise par elle et l'autorité du commandement trop en honneur dans ses rangs, pour que nous puissions craindre de la voir se livrer à ces *pronunciamentos* militaires qui ont conduit l'Espagne à l'état d'anarchie dans lequel elle se débat depuis si long-temps. Mais admettons pour un moment que ces craintes, chimériques suivant nous, soient fondées, croit-on que l'expédient proposé et qui consiste à faire adopter par M. le comte de Chambord le drapeau tricolore transformé, fleurdelisé par exemple, — tellement l'on comprend que ce prince ne peut admettre ce drapeau sans modifications, croit-on, disons-nous, que tout danger soit écarté ? Assurément non. Si l'armée était assez peu soucieuse de son honneur pour déserter le drapeau blanc rétabli et auquel la lierait son serment, n'est-on point fondé à dire qu'elle déserterait tout aussi facilement le drapeau tricolore fleurdelisé, le drapeau de la République ou de l'Empire surgissant tout à coup à ses yeux ? Il n'y a absolument aucun motif sérieux, l'idée du devoir étant mise de côté, de croire davantage dans ce cas à sa fidélité ; donc l'objection proposée est puérile et ne soutient pas un moment d'examen sérieux.

Mais examinons la question sous un autre point de vue et demandons-nous, comme nous l'avons déjà fait pour l'habitant de nos campagnes et pour l'ouvrier de nos villes, si l'armée tient en réalité et doit tenir autant qu'on veut bien le dire au drapeau tricolore, et pourquoi elle professerait pour lui un tel culte et un tel attachement.

Ah ! qu'en 1815, lors de la première Restauration, au lendemain des victoires, nous ne disons pas des conquêtes de l'Empire, les vieux soldats qu'avait bronzés le soleil d'Austerlitz et dont la valeur avait promené, comme on l'a dit, le drapeau tricolore sur tous les champs de bataille et dans toutes les capitales de l'Europe, oubliant tout à coup les désastres de Moscou et de Waterloo, eussent alors témoigné de l'enthousiasme et de l'attachement pour ce drapeau sous les plis duquel ils avaient longtemps et glorieusement, quoique bien inutilement combattu, nous l'eussions compris... Il n'en fut rien cependant, et quand les Bourbons parurent, les drapeaux blancs sortirent comme de dessous terre, furent acclamés « *avec enthousiasme* » — c'est le républicain Carnot qui nous le dit — et s'arborèrent d'eux-mêmes comme par enchantement.

Si, malgré le prestige qui, à cette époque, entourait le drapeau tricolore, personne, non personne, à l'exception de Fouché peut-être, n'a songé à proposer à Louis XVIII de le conserver ; aujourd'hui, après 1830, après 1848, après le second Empire et *Sedan*, ces deux noms désormais inséparables, n'est-ce pas au drapeau blanc que doit revenir l'honneur de venger la France, que le drapeau de la Révolution s'est montré impuissant à défendre et à sauvegarder, malgré les héroïques et généreux efforts des vaillants soldats à la garde desquels il était confié ?

Poser une telle question, n'est-ce pas la résoudre ?

V

LA MONARCHIE DU DRAPEAU BLANC.

En présence des ineptes calomnies que les adversaires de la monarchie se complaisent à répandre contre elle et de l'éventualité de la révision possible de la Constitution, il est essentiel d'examiner ce que fut cette Monarchie du drapeau blanc et quels témoignages ont rendus d'elle des écrivains peu suspects de nourrir des sentiments de complaisance à son égard.

Demandons-nous d'abord sous quel drapeau s'est faite la France, sous quel étendard « s'est » fondée cette nationalité forte et compacte, cette » réunion de provinces éparses, successivement » soudées les unes aux autres, qui ont formé ce » royaume appelé à juste titre « le plus beau » après celui du ciel. »

« La réponse est faite : c'est la Monarchie qui a fait la France ; sur trente-six provinces que nous possédions avant la funeste guerre de 1870, le drapeau blanc ne nous en a-t-il pas conquis *trente-cinq?* Des conquêtes du drapeau tricolore, sous le premier Empire, on sait « qu'il ne nous est pas resté une province, un hameau, une ville, un pouce de ter-

rain, » si bien que Berryer, notre grand orateur,
a pu dire avec raison, le jour de sa réception à
l'Académie française : « Il ne nous est resté de
l'Empire qu'un fatal exemple de despotisme et
un dangereux souvenir de conquêtes perdues (1). »

« Nous n'avons pas été plus heureux par rapport aux conquêtes de la République, qui toutes
nous ont été enlevées à l'exception du comtat d'A-
vignon. Bien plus, le territoire de Louis XVI a
été entamé ; Landau a été livré à la Bavière,
Sarrelouis à la Prusse, et on a fait à la ville de
Bâle le sacrifice des fortifications d'Huningue. »

Après la Restauration reparaît le drapeau blanc,

(1) Puisque ce nom, symbole de fidélité à la Monarchie, se
rencontre ici sous notre plume, nous ne pouvons résister au
désir de reproduire le magnifique et suprême adieu adressé par
Berryer mourant à Mgr le comte de Chambord :

« O Monseigneur,

» O mon Roi, on me dit que je touche à ma dernière heure.

» Je meurs avec la douleur de n'avoir pas vu le triomphe de
vos droits héréditaires consacrant l'établissement et le dévelop-
pement des libertés dont notre patrie a besoin. Je porte ces
vœux au ciel pour Votre Majesté, pour Sa Majesté la Reine,
pour notre chère France ; pour qu'ils soient moins indignes
d'être exaucés par Dieu, je quitte la vie armé de tous les secours de notre sainte religion.

» Adieu, Sire, que Dieu vous protége et sauve la France.

» Votre dévoué et fidèle sujet,

» BERRYER.

» 18 novembre 1868. »

qui nous sauve d'*un démembrement convenu et arrêté dans les conseils des puissances étrangères*, et qui, bientôt après, en se déployant en Espagne et en Grèce dans des interventions heureuses, fait rentrer la France dans le concert européen et lui restitue son rang de grande puissance que l'insatiable ambition de l'Empire lui avait fait perdre. N'est-il pas établi enfin, et M. Louis Blanc le constate dans son *Histoire de dix ans*, que lorsque éclata la révolution de 1830, « d'habiles négociations étaient entamées avec les puissances étrangères pour recouvrer la Belgique et la rive gauche du Rhin ? »

Nous savons qu'Alger, conquis par nos armes, voyait flotter le drapeau blanc sur ses murs, au moment où la révolution de Juillet arborait le drapeau tricolore. La conquête de l'Algérie fut donc le dernier legs du drapeau blanc à la France, conquête qui n'a coûté à celle-ci ni emprunts ruineux, ni impôts, ni dépenses de milliards, puisque l'expédition trouva dans les trésors de la Casaubah une somme supérieure aux cinquante millions de frais que cette campagne militaire avait occasionnés.

Nous venons de voir ce qu'a fait la politique extérieure de la Restauration ; voyons comment la monarchie du drapeau blanc a géré nos finances.

Le point de vue financier doit toucher notre époque positive.

Comme on l'a écrit très-justement, la Restauration avait compris que le vrai moyen de tirer de l'argent d'un peuple, c'est de le mettre à même d'en gagner.

« Aussi s'annonça-t-elle comme un gouvernement de paix, d'ordre et d'honnêteté, sous lequel toutes les industries pourraient faire des entreprises à long terme, sans crainte de les voir interrompues par des révolutions.

» La confiance ainsi éveillée, l'activité publique et toutes les ressources du revenu s'accrurent en proportion, si bien que, *de 1816 à 1829 inclusivement*, la nation s'était enrichie en accroissant le revenu de l'État de fr. 211,000,000. On fit en outre des économies de 25,000,000 sur le ministère ; ce qui, joint à certains autres avantages financiers, permit au gouvernement des Bourbons de payer :

» 1° Deux milliards onze millions de dettes de l'Empire ;

» 2° Onze millions de secours de guerre ;

» 3° Trente millions pour la disette de 1817 ;

» 4° Quatre-vingts millions pour notre dette d'Egypte ;

» Enfin, après douze ans de règne, de DIMINUER

ES IMPÔTS de 91,865,347 francs, *phénomène qui e s'était pas vu depuis le règne de Henri IV.*

» La première République, qui avait fait argent e la vente des biens du clergé et de la noblesse, *ui valaient près de cinq milliards,* trouva le 10yen de tout manger et de nous laisser une banueroute qui ne donna que 25 p. o/o à ses créaniers.

» Le premier Empire nous a laissé une dette de eux milliards due aux étrangers.

» La royauté de Juillet, ce gouvernement qui, 'après les promesses de son avénement, devait tre un *gouvernement à bon marché,* n'a jamais u diminuer ni nos impôts ni nos dettes. » On sait uel était son budget...

» La seconde République, celle de 1848, ne 'est fait connaître que par son impôt de 45 cenimes, qui a pesé si lourdement sur nos campanes.

» Le second Empire nous a laissé plus de 25 milliards de dettes, sans compter nos provines perdues (1). »

Les *Bourbons* SEULS ont su nous enrichir quand es autres nous ont ruinés.

Que le *contribuable* français *n'oublie pas cela!*

(1) Extrait de la *France nouvelle.*

VI

TÉMOIGNAGES RENDUS A LA MONARCHIE DU DRAPEAU
BLANC PAR SES ADVERSAIRES.

Après avoir ainsi très succinctement résumé et
remémoré à notre pays trop oublieux les titres incontestables du drapeau blanc à l'affection des
Français, plaçons sous ses yeux le témoignage
impartial rendu à cette Monarchie par des hommes qui furent tous plus ou moins et qui sont encore les adversaires ou les ennemis de ce gouvernement.

Voici en quels termes, précisément à propos
d'attaques du genre de celles dont elle est journellement l'objet, s'exprime, sur le compte de la
Restauration, M. Granier de Cassagnac, dans ses
Œuvres littéraires :

« La Restauration, n'est-ce pas nous-mêmes ?
N'y avons-nous pas nos pères ? N'y sommes-nous
pas nés ? La Restauration, n'est-ce pas la France ?
Et pourquoi donnerions-nous à la postérité l'exemple d'un peuple qui flétrit lui-même son histoire
et qui méprise ses souvenirs ? Les Athéniens se
vantaient des Éracthides, les Spartiates des Héra-
clides, les Argiens des Éacides, *pourquoi ne nous*

vanterions-nous pas des Bourbons, LA PLUS GIGAN-
TESQUE FAMILLE *qui ait jamais honoré le monde ?* »

Si nous ouvrons les *Mémoires d'un Bourgeois
de Paris*, de Louis Véron, qu'y lisons-nous ?

« La situation de la France, en 1830, était alors
» *heureuse* et *prospère*. Une administration éclai-
» rée avait comblé les déficits légués par les gou-
» vernements précédents. Les capitaux, devenus
» confiants, soutenaient le crédit public et fournis-
» saient de fructueuses ressources à l'industrie et
» au commerce.

» Nos flottes parcouraient toutes les mers; no-
» tre armée, sans troubler la paix du monde, avait
» pu remporter de nouvelles victoires...

» Sous Charles X, la liste civile du Roi, des
» princes et des princesses consacrait annuellement
» *cent millions* à secourir toutes les infortunes.
» *Ainsi, gloire au dedans, prospérité à l'inté-*
» *rieur, des finances en bon état et la bienfai-*
» *sance sur le trône :* TELLE ÉTAIT LA SITUATION
» DE LA FRANCE. »

Veut-on savoir, enfin, comment, en 1849, dans
un jour de justice, M. Jules Favre, répondant à
M. Thiers, s'exprimait à son tour à la tribune de
l'Assemblée constituante sur le compte du gouvernement du roi Charles X ? Voici ses propres paroles :

« Cette monarchie (du drapeau blanc) que vous
» n'avez pas servie, *car c'était la monarchie du*
» *progrès*, cette monarchie délivrait la Grèce, cette
» monarchie envoyait ses enfants au secours de
» l'Amérique... *Alors le Roi était le chevalier de
la liberté.* »

En présence de ces appréciations, et nous pourrions en citer bien d'autres non moins significati-
ves, on comprend que Stendhal (Henri Bayle) ait
écrit dans son livre intitulé : *Promenades dans
Rome* : « Il faudra peut-être des siècles à la plu-
» part des peuples de l'Europe pour atteindre au
» degré de bonheur dont la France jouit sous le
» règne de Charles X, » et que le P. Lacordaire,
jugeant avec l'autorité de sa parole le grand rôle
joué par la maison de Bourbon dans les fastes de
la Monarchie française, lui ait rendu, en 1851, du
haut de la chaire de Notre-Dame, cet illustre et
éclatant témoignage : « Assurément la Maison de
» France est la plus grande maison du monde. Elle
» compte huit à neuf siècles d'épanouissement
» royal; et lorsque nous creusons au-delà pour dé-
» couvrir les vestiges premiers, peut-être y démê-
» lons-nous quelque reste du sang de Charlemagne,
» cet homme qui fut, après le Christ, le père de
» l'âge moderne, et dont le nom est demeuré ma-
» gnifique entre tous les noms. Ajoutez à la gran-

» deur du temps et de la source, celle du peuple
» gouverné par cette race, des règnes fameux par
» leurs victoires, d'autres par leur sainteté, d'autres
» par les lettres, tous par leur liaison avec le cours
» des choses qui ont fait le destin du monde de-
» puis mille ans : et vous croirez sans peine qu'au-
» cune maison royale ne peut disputer à celle-là
» l'honneur du rang. J'en parle sans flatterie, au-
» jourd'hui que la foudre est tombée sur ce vieux
» tronc et lui a laissé dans l'exil la cicatrice vivante
» du malheur. »

Ces citations suffisent pour répondre aux diatribes des journaux républicains et bonapartistes, qui reprochent journellement aux légitimistes leur dévouement à la cause du drapeau blanc. La mauvaise humeur que témoignent ces feuilles et la violence de leurs emportements ne prouvent qu'une chose : la certitude et la crainte qu'elles ont du prochain triomphe de cette « cause » qu'ils proclament « perdue ».

VII

LE DRAPEAU TRICOLORE APPRÉCIÉ ET JUGÉ PAR SES PARTISANS.

Tel aveu que, de sang-froid, les partisans du drapeau tricolore ne consentiraient jamais à laisser passer, échappe quelquefois à leurs colères... C'est heureux pour la vérité, qui est appelée à en profiter.

Le *Pays*, feuille impérialiste, et le *Journal de Paris*, organe d'un orléanisme aujourd'hui sans chef, tenant chacun d'un bout le drapeau tricolore et se disputant l'un à l'autre ce lambeau d'étoffe tout à fait digne d'abriter les destins des gouvernements d'aventure qu'ils voudraient voir revivre, échangeaient en 1874 sur « *le drapeau chéri* » une série de récriminations des plus instructives pour la France. Prêtons l'oreille à leurs propos et recueillons précieusement leurs aveux :

« Le drapeau tricolore est à nous et nous le gar-
» dons, s'écriait donc le *Pays*, et ce n'est pas une
» raison, parce que la *Monarchie de Juillet a*
» HUMILIÉ *ce drapeau* en face de l'Europe, pour
» qu'elle y ait un droit quelconque. »

Bien parlé, assurément ; la politique du gouvernement de 1830, qui a concédé le *droit de visite* à l'Angleterre; qui a consenti à payer une *indemnité* au médecin *Pritchard;* qui ne permit à la France, pendant dix-huit ans, de ne rien faire de grand et de considérable *au dehors*, à tel point qu'en 1840, M. Guizot déclarait, avec beaucoup de raison, qu'en mettant le pays dans une situation de résistance au sujet de la question d'Orient, on le plaçait « *entre une faiblesse et une folie;* » qui, *au dedans*, était saluée à tout propos par le chant de la *Marseillaise;* assurément cette politique-là, représentée alors par le drapeau tricolore, le journal le *Pays* l'apprécie et la *qualifie* très-justement; nous ne pouvons que souscrire à son jugement.

Mais ce qui n'est ni moins fondé ni moins juste, c'est la repartie du *Journal de Paris* posant à son adversaire cette suite d'interrogations :

« Est-ce le roi Louis-Philippe qui a signé *la* » *capitulation de Sedan ?* Est-ce la monarchie de » Juillet *qui a attiré sur la France les malheurs* » *d'une troisième invasion*, et faut-il lui imputer » les HUMILIATIONS du trapeau tricolore ? » (1)

(1) C'est ici le lieu de rappeler ce que Napoléon Ier pensait des gloires du drapeau blanc. Un jour que le vieux baron de Montluc, surpris par l'arrivée de l'empereur, s'efforçait de dissimuler à ses yeux l'antique étendard de nos rois, le grand capitaine se découvrant devant le drapeau blanc prononçait ces mémorables paroles :
« Les gloires de la France sont chères à mon cœur. La ban-

Des deux côtés, on peut en juger, le même mot est prononcé, la même accusation formulée, et les faits, hélas ! ne sont que trop constants !

Faisons remarquer qu'il ne s'agit jusqu'ici entre les deux champions de l'Empire et de la Monarchie de 1830, que des humiliations attirées sur le drapeau tricolore par ce qu'ils considèrent avec trop d'indulgence peut-être comme les *fautes* seulement de ces deux gouvernements... Où s'arrêteraient, grand Dieu ! leurs récriminations respectives, s'il n'était de leur intérêt commun de garder le silence sur les *crimes* du drapeau tricolore, sur les plis duquel nous lisons doublement gravé en lettres de sang le glorieux nom de Condé !

Demeurons-en là et contentons-nous de constater, en terminant, toute la justice, toute la vérité et en même temps toute la noble réserve de cette parole de M. le comte de Chambord : « *Si le drapeau blanc a éprouvé des revers, il y a des* HUMILIATIONS *qu'il n'a jamais connues !* »

» nière que vous cherchez à dérober à mes regards est le symbole de la gloire ! Mes aigles eussent été fières de planer sur les plaines de Marignan, Nordlingue et Fontenoy ; *le drapeau blanc a montré les chemins de la victoire; il a rendu la France puissante et forte ; il en a fait la reine du monde ; il a abrité dans ses plis les plus grands noms de la Monarchie ; ils seraient de mauvais Français, ceux qui l'oublieraient.* Remettez donc cet étendard à sa place, monsieur, entre la croix de saint Louis et celle-ci, que vous pourrez porter aussi avec honneur sur la poitrine. »

VIII

LA MONARCHIE DU DRAPEAU BLANC ET LES ADVER-
SAIRES DU DEDANS ET DU DEHORS.

Joseph de Maistre a écrit dans ses *Lettres* et *Opuscules* : « Un *moyen infaillible de juger un ordre comme un particulier, c'est de remarquer par qui il est aimé et par qui il est haï.* » Cette parole fort judicieuse peut s'appliquer avec infiniment de justesse à la question qui nous occupe : pour juger infailliblement les avantages de la Monarchie traditionnelle, il faut remarquer quels sont ses partisans et quels sont ses adversaires.

Les révolutionnaires avoués et inavoués, les *rouges* comme les *bleus* sont, à *l'intérieur*, les ennemis du drapeau blanc et de la Monarchie traditionnelle, et l'on devine aisément pourquoi un gouvernement qui se déclare hautement le défenseur de tous les grands principes sur lesquels repose la société : la religion, la famille, la propriété, doit nécessairement avoir pour adversaires les éternelles ennemis de l'ordre social, ceux qui ne rêvent que bouleversements et désordre, et naturellement aussi les hommes de *juste-milieu* qui, en principe, repoussent le mal, c'est vrai, mais qui s'en tiennent à un bien relatif s'accommodant aisément et mieux aux préjugés et aux passions de chacun.

A *l'extérieur*, l'adversaire par excellence de la Monarchie du drapeau blanc, c'est la PRUSSE, c'est M. DE BISMARCK.

Écoutons donc le grand chancelier allemand et M. d'Arnim, son ambassadeur à Paris, échanger leurs confidences diplomatiques :

« *La France*, MONARCHIQUEMENT CONSTITUÉE, *sera*
» *pour nous* UN DANGER *bien plus grand que celui*
» *que le contact des institutions républicaines*
» *pourrait faire surgir*....... Bien que l'on soit
» trop sage à Londres, à Saint-Pétersbourg et à
» Vienne pour croire qu'*une France monarchique*
» *soit moins dangereuse pour nous que les domi-*
» *nations des partis républicains dans ce pays*,
» on aurait trop intérêt à faire semblant de le
» croire, vu les avantages que l'on voudrait obte-
» nir dans un autre sens... *il en résulterait bien-*
» *tôt un groupement des États européens très*
» *gênant pour nous, lequel exercerait sur nous*
» *une pression amicale pour nous faire renoncer*
» *à une partie des avantages que nous avons*
» *acquis*....

» *Nous n'avons certainement pas pour devoir*
» *de rendre la France puissante, en consolidant*
» *sa situation intérieure et en y établissant une*

» *monarchie en règle, ni de rendre la France ca-*
» *pable de conclure des alliances avec les puis-*
» *sances qui ont jusqu'à présent avec nous des re-*
» *lations d'amitié.*

» *L'inimitié de la France nous oblige de dé-*
» *sirer qu'*ELLE RESTE FAIBLE *et nous agissons d'une*
» *manière très désintéressée en ne nous opposant*
» *pas avec résolution et par la force à l'établis-*
» *sement d'institutions monarchiques solides* tant
» que le traité de Francfort n'aura pas été com-
» plètement exécuté.... *Tant que la France n'aura*
» *pas d'alliés, elle ne sera pas dangereuse pour*
» *nous.* »

(Dépêches des 20 et 23 novembre 1872.)

Emanées de la chancellerie allemande, la plus implacable ennemie de la France, ces appréciations sont un enseignement qui ne devrait être perdu pour personne, et les républicains eux-mêmes, si véritablement ils ont au cœur l'amour de la patrie, devraient être les premiers à sacrifier, momentanément du moins, leurs préférences politiques à cette Monarchie séculaire qui inspire un tel effroi et arrache de telles alarmes à nos vainqueurs d'hier.

Mais non, c'est trop attendre d'un parti politique dont les organes de publicité persistent à chanter aujourd'hui encore les louanges de ce *condottiere*, de ce chef de bande italien qui, appelé à l'honneur de combattre sous le drapeau français, écrivait de son repaire de Caprera, le 6 novembre 1872, à un de ses amis de Stockolm : « Français, Scandinaves, Allemands sont tous mes frères. *Si j'ai désiré le triomphe des armes prussiennes,* mon unique motif a été le désir ardent de voir la chute du plus exécrable tyran des temps modernes. »

Et en juin 1873 : « *La chute de la Commune a été un malheur pour* l'univers entier et une défaite à jamais lamentable..... J'appartiens à l'Internationale ; *je déclare avec orgueil que si je voyais surgir une société de démons ayant pour but de combattre les souverains et les prêtres, j'irais m'enrôler dans ses rangs...* »

FAS EST ET AB HOSTE DOCERI !

Et l'histoire, ajouterons-nous avec un publiciste distingué, recueillera ces témoignages assez indépendants, ce nous semble, et elle prononcera un terrible jugement sur le patriotisme des personnages qui se sont opposés de toute la force de leur machiavélisme à la restauration de la Monarchie.

IX

POURPARLERS DE RESTAURATION MONARCHIQUE.
LA LETTRE DE SALZBOURG.

En octobre 1873, lorsque fut entreprise la tentative de restauration monarchique, à la seule nouvelle que les négociations entamées pourraient bien aboutir, et que la Monarchie allait être proclamée à la rentrée de la Chambre, le monde des affaires se prit à espérer et à avoir confiance, les intérêts se rassurèrent, le commerce et l'industrie prirent un moment d'essor. La question du drapeau, mal à propos soulevée, mal engagée et mal conduite, vint tout rompre, sans motifs raisonnables toutefois, et nous fûmes jetés dans l'*impasse* du SEPTENNAT.

Certains hommes — ceux-là qui ont tout compromis — cherchent à rejeter sur M. le comte de Chambord l'avortement du rétablissement de la Monarchie ; il n'est que juste de dégager la responsabilité du Prince. L'astuce des *politiques* ne parviendra pas à donner le change à l'opinion et à intervertir les rôles de chacun dans cette affaire. Oui, à chacun la responsabilité de ses actes ; à M. le comte de Chambord l'honneur d'une conduite pleine de franchise et de loyauté... à d'autres,

quels qu'ils soient, la honte d'une conduite pleine
de duplicité (1) et le rôle odieux d'avoir voulu tirer
des paroles du Prince une interprétation qu'ils sa-
vaient n'être pas dans sa pensée, afin de l'engager
malgré lui et de compromettre en quelque sorte
vis-à-vis du pays l'honneur de sa royale parole.

Il résulte aussi clairement que possible de la rec-
tification publiée par le président de la commission
des Neuf, que la question du drapeau avait été ré-
servée par M. le comte de Chambord pour être
plus tard directement traitée entre lui et les représentants de la nation. Cette réserve laissait, bien
entendu, momentanément la France en possession
du drapeau tricolore ; ce qui explique cette phrase
des procès-verbaux dressés à cette époque, —
phrase dont le sens a été dénaturé : — « Le drapeau tricolore est maintenu » mais maintenu *pro-
visoirement*.

Est-ce ainsi que, dès le lendemain de la publication du procès-verbal de la réunion du centre

(1) L'intrigue qui a fait échouer la restauration de la Monarchie était tellement réelle et tellement préméditée, que l'ambassadeur de Prusse à Paris, M. d'Arnim, écrivait dès le 8 juin
1873, à l'empereur d'Allemagne, une dépêche confidentielle dans
laquelle il annonçait ce qui devait arriver au mois de novembre
suivant : *« Une intrigue orléaniste s'ourdit, écrivait-il, pour
faire échouer la fusion et écarter le comte de Chambord... un
projet de Constitution doit être présenté, qui conservera le drapeau tricolore et qui sera donc inacceptable pour Henri V... »*

droit, les organes de publicité de ce parti ont apprécié et interprété cette phrase du procès-verbal? Assurément non ; et pour s'en convaincre il suffit d'ouvrir les feuilles publiques de cette époque. Avec un ensemble et une entente qui indiquent qu'un mot d'ordre leur avait été donné, on voit ces journaux s'empresser d'annoncer presque triomphalement que M. le comte de Chambord *a cédé*, qu'il *accepte* DÉFINITIVEMENT le *drapeau tricolore* et abandonne le drapeau blanc. Les affirmations de ces feuilles étaient tellement précises que les plus fidèles amis du Prince demeuraient dans la stupeur, ne comprenant rien à ce revirement subit de sa part, et comment, du jour au lendemain, il consentait ainsi à déchirer de sa propre main ses précédents manifestes.

Il y avait évidemment dans cette conduite des feuilles du centre droit une manœuvre déloyale, qui ne pouvait échapper à l'esprit si droit et si perspicace de M. le comte de Chambord. Il était certain qu'on entendait lui forcer la main, et si le Prince s'était tu plus longtemps, son silence n'eût pas manqué d'être incriminé plus tard ; on l'eût transformé en une adhésion tacite à ce qu'on avait entendu lui imposer, et en cas de résistance de sa part, c'eût été alors sa bonne foi et sa loyauté qu'on ne se serait pas fait faute d'accuser.

M. le comte de Chambord a parfaitement compris la situation; et voilà pourquoi, huit jours après la publication du procès-verbal du centre droit, il a cru devoir écrire la lettre de Salzbourg, lettre qui ne rétractait rien du programme qu'il avait accepté, mais qui refusait de sanctionner des engagements qu'il n'avait jamais pris. Il eût été à désirer, pour l'honneur français et notre antique réputation de franchise et de loyauté, que l'acte de fermeté et de probité vraiment royal du Prince eût été compris par tous.

Nous avons dit plus haut que M. le comte de Chambord n'avait rien rétracté du programme qu'il avait accepté. Ceux qui prétendent le contraire doivent nous faire connaître quelles sont les concessions refusées par le Roi. A l'égard des questions constitutionnelles, M. Chesnelong n'a-t-il pas affirmé qu'en abordant ce sujet avec le Prince, « il avait enfoncé une porte ouverte? » Pouvait-il y avoir d'ailleurs le moindre doute dans les esprits après les déclarations réitérées qui avaient été faites précédemment ? M. le comte de Chambord n'avait-il pas écrit, notamment le 8 mai 1871 : « Ce que » je demande, c'est de travailler à la régénération » du pays; c'est de donner l'essor à toutes ses aspi-» rations légitimes; c'est, à la tête de toute la » Maison de France, de présider à ses destinées

» *en soumettant avec confiance les actes du gou-*
» *vernement au sérieux contrôle de représentants*
» *librement élus.* »

Et deux mois plus tard, dans son manifeste du
11 juillet : Nous donnerons pour garantie à ces
» *libertés publiques* auxquelles tout peuple chré-
» tien *a droit,* le suffrage universel honnêtement
» pratiqué et le *contrôle des deux Chambres,* et
» nous reprendrons, en lui restituant son carac-
» tère véritable, le mouvement de la fin du der-
» nier siècle. »

Ces deux citations — et nous pourrions en reproduire bien d'autres — ne suffisent-elles pas
pour faire apprécier quelle est la bonne foi de
ceux qui prétendent que M. le comte de Chambord s'est refusé à toute concession, et que le pouvoir qu'il réclame est un pouvoir « *sans limites ?* »
Ah ! comme l'a dit le Prince : « Plût à Dieu qu'on
n'eût point accordé si légèrement ce pouvoir à
ceux qui dans des jours d'orage se sont présentés
sous le nom de sauveurs : nous n'aurions pas la
douleur de gémir aujourd'hui sur les maux de la
patrie. »

Reste donc exclusivement la question du drapeau. Eh bien, la main sur la conscience, cette
question en est-elle une pour tout homme de bonne
foi, après ce qu'on vient de lire ; et derrière elle

voyons-nous se presser en réalité les obstacles et les impossibilités que l'on prétend ?

Jusques à quand entendra-t-on des Français dire et reconnaître que M. le comte de Chambord est la personnification la plus haute de la dignité, de l'honneur et de la loyauté, mais que précisément à cause de cela ce prince « n'est plus de son temps » ; que ce *beau*, ce *vrai*, ce *bien* qui se reflètent dans sa personne et dont sa main royale trace le programme, la société moderne n'en veut plus ; que par conséquent, *fût-il la fortune de la France*, les portes de la patrie ne doivent pas s'ouvrir devant lui ?

Si la Monarchie est, en effet, le port de salut pour la France, faut-il que celle-ci refuse d'y entrer parce que le drapeau blanc doit flotter sur le phare qui en marque l'entrée ; et à cause de cela le vaisseau qui la porte ira-t-il échouer misérablement et sans sécurité pour lui dans la crique septennaliste, à la merci des sauvages qui le guettent et des forbans qui peuvent s'en emparer malgré l'illustre épée qui le protége ?

Si quelques préjugés subsistent encore, n'est-ce pas la mission de la presse conservatrice et monarchique, celle de tous les honnêtes gens, d'éclairer « cet esprit public égaré et illusionné, » qui s'obstinerait à voir dans la question du drapeau *le*

symbole des choses qui ne peuvent renaître ? »
et, comme l'a dit le Prince, « parce que l'igno-
» rance ou la crédulité auront parlé de priviléges,
» d'absolutisme, d'intolérance, de dîmes, de droits
» féodaux, *fantòmes* que *la plus audacieuse mau-*
» *vaise foi* essaie de ressusciter, faut-il renier l'é-
» tendard de Henri IV, de François Ier et de
» Jeanne d'Arc ?... »

X

CONCLUSION.

Les Français qui feraient, à l'heure actuelle, de la question du drapeau, la condition *sine qua non* de leur adhésion à la Monarchie, ressembleraient tout à fait à ce naufragé qui, sur le point de disparaître sous l'eau et de se noyer, se mettrait à imposer des conditions à son sauveur, à discuter les moyens de sauvetage que celui-ci entendrait employer, et jusqu'à la couleur de son habit.... En vérité c'est par trop absurde ; et si nous tenons tant soit peu à notre antique réputation de peuple le plus spirituel du monde, il est plus que temps de mettre un terme à cette querelle indigne d'un grand peuple vis-à-vis du descendant de ses rois. L'honnêteté de M. le comte de Chambord, proclamée à l'envi par ses ennemis, ne peut être un seul instant suspectée par nous ; confions-nous donc à sa royale parole. Cessons de vouloir imposer au petit-fils de Louis XVI et du roi chevalier le drapeau qui a conduit ses aïeux à l'échafaud et en exil ; et après les désastres de tous genres qui viennent de nous assaillir, n'hésitons pas à confier l'avenir de nos enfants et le soin de nos propres destinées à l'étendard glorieux et sans tache de celui que les âges futurs surnommeront: *Henri V le RÉPARATEUR!*

Une feuille publique relatait en 1873 qu'un personnage dont l'attention était attirée sur le grand nombre de *points noirs* accumulés à notre horizon social aurait répondu : « C'est vrai, *mais il y a un point* BLANC, seulement *on ne veut pas le voir.* »

Comme le faisait remarquer le journal auquel nous empruntons ce trait plein d'à-propos et de finesse : « Il y a là toute une leçon de bonne politique. »

Quant à nous, nous formons le vœu que *ce point* BLANC *d'aujourd'hui* grandisse bien vite et devienne *demain* pour nous, c'est-à-dire pour notre patrie, cet éblouissant et fécond soleil aux rayons duquel regermeront et croîtront de nouveau les lys, ces lys dont il est écrit dans les saints Livres: *Lilia non laborant neque nent :* véridique et frappante image de cette France qui, pour prospérer et grandir, n'avait alors qu'à demeurer fidèle à ses Rois et à sa vieille Monarchie.

FIN.

APPENDICE

MANIFESTES ET LETTRES

DE

Monseigneur le Comte de CHAMBORD

PROTESTATION CONTRE LE BOMBARDEMENT DE PARIS

« 7 Janvier 1871.

» Il m'est impossible de me contraindre plus long-temps au silence.

» J'espérais que la mort de tant de héros tombés sur le champ de bataille, que la résistance énergique d'une capitale résignée à tout pour maintenir l'ennemi en dehors de ses murs, épargnerait à mon pays de nouvelles épreuves. Mais le bombardement de Paris arrache à ma douleur un cri que je ne saurais contenir.

» Fils des rois chrétiens qui ont fait la France, je gémis de ses désastres. Condamné à ne pouvoir les racheter au prix de ma vie, je prends à témoin les peuples et les rois, et je proteste comme je puis contre la guerre la plus sanglante et la plus lamentable qui fut jamais.

» Qui parlera au monde, si ce n'est moi, pour la ville de Clovis, de Clotilde, de Geneviève, pour la ville de Charlemagne et de saint Louis, de Philippe-Auguste et de Henri IV, pour la ville des sciences, des arts et de la civilisation?

» Non! je ne verrai pas périr la grande cité, que chacun de mes aïeux a pu appeler *ma bonne ville de Paris.*

» Et puisque je ne puis rien de plus, ma voix s'élèvera de l'exil pour protester contre la ruine de ma patrie : elle criera à la terre et au ciel, assurée de rencontrer la sympathie des hommes, en attendant tout de la justice de Dieu. »

PREMIER MANIFESTE

—

« Chambord, 5 juillet 1871.

» Français,

» Je suis au milieu de vous.

» Vous m'avez ouvert les portes de la France, et je n'ai pu me refuser le bonheur de revoir ma patrie.

» Mais je ne veux pas donner, par ma présence prolongée, de nouveaux prétextes à l'agitation des esprits, si troublés en ce moment.

» Je quitte donc ce Chambord que vous m'avez donné, et dont j'ai porté le nom avec fierté, depuis quarante ans, sur les chemins de l'exil.

» En m'éloignant, je tiens à vous le dire, je ne me sépare pas de vous; la France sait que je lui appartiens.

» Je ne puis oublier que le droit monarchique est le patrimoine de la nation, ni décliner les devoirs qu'il m'impose envers elle.

» Ces devoirs, je les remplirai, croyez-en ma parole d'honnête homme et de Roi.

» Dieu aidant, nous fonderons ensemble, et quand vous le voudrez, sur les larges assises de la décentralisation administrative et des franchises locales, un gouvernement conforme aux besoins réels du pays.

» Nous donnerons pour garantie à ces libertés publiques auxquelles tout peuple chrétien a droit, le suffrage universel honnêtement pratiqué et le contrôle des deux Chambres, et nous reprendrons, en lui restituant son caractère véritable, le mouvement national de la fin du dernier siècle.

» Une minorité révoltée contre les vœux du pays en a fait le point de départ d'une période de démoralisation par le mensonge et de désorganisation par la violence. Ses criminels attentats ont imposé la révolution à une nation qui ne demandait que des réformes, et l'ont, dès lors, poussée vers l'abîme où hier elle eût péri, sans l'héroïque effort de notre armée.

» Ce sont les classes laborieuses, ces ouvriers des champs et des villes, dont le sort a fait l'objet de mes plus vives préoccupations et de mes plus chères études, qui ont le plus souffert de ce désordre social.

» Mais la France, cruellement désabusée par des désastres sans exemple, comprendra qu'on ne revient pas à la vérité en changeant d'erreur, qu'on n'échappe pas par des expédients à des nécessités éternelles.

» Elle m'appellera, et je viendrai à elle tout entier, avec mon dévouement, mon principe et mon drapeau.

» A l'occasion de ce drapeau, on a parlé de conditions que je ne dois pas subir.

» Français !

» Je suis prêt à tout pour aider mon pays à se relever de ses ruines et à reprendre son rang dans le monde ; le seul sacrifice que je ne puisse lui faire, c'est celui de mon honneur.

» Je suis et veux être de mon temps ; je rends un sincère hommage à toutes ses grandeurs, et, quelle que fût la couleur du drapeau sous lequel marchaient nos soldats, j'ai admiré leur héroïsme, et rendu grâce à Dieu de tout ce que leur bravoure ajoutait au trésor des gloires de la France.

» Entre vous et moi, il ne doit subsister ni malentendu ni arrière-pensée.

» Non, je ne laisserai pas, parce que l'ignorance ou la crédulité auront parlé de priviléges, d'absolutisme et d'intolérance, que sais-je encore ? de dîme, de droits féodaux, fantômes que la plus audacieuse mauvaise foi essaie de ressusciter à vos yeux, je ne laisserai pas arracher de mes mains l'étendard d'Henri IV, de François Ier et de Jeanne d'Arc.

» C'est avec lui que s'est faite l'unité nationale, c'est avec lui que vos pères, conduits par les miens, ont conquis cette Alsace et cette Lorraine dont la fidélité sera la consolation de nos malheurs.

» Il a vaincu la barbarie sur cette terre d'Afrique, témoin des premiers faits d'armes des princes de ma famille ; c'est lui qui vaincra la barbarie nouvelle dont le monde est menacé.

» Je le confierai sans crainte à la vaillance de notre armée ; il n'a jamais suivi, elle le sait, que le chemin de l'honneur.

» Je l'ai reçu comme un dépôt sacré du vieux Roi mon aïeul, mourant en exil ; il a toujours été pour moi inséparable du souvenir de la patrie absente ; il a flotté sur mon berceau, je veux qu'il ombrage ma tombe.

» Dans les plis glorieux de cet étendard sans tache, je vous apporterai l'ordre et la liberté.

» Français,

» Henri V ne peut abandonner le drapeau blanc d'Henri IV.

» HENRI. »

SECOND MANIFESTE

« 25 Janvier 1872.

» La persistance des efforts qui s'attachent à dénaturer mes paroles, mes sentiments et mes actes, m'oblige à une protestation que la loyauté commande et que l'honneur m'impose.

» On s'étonne de m'avoir vu m'éloigner de Chambord, alors qu'il m'eût été si doux d'y prolonger mon séjour, et l'on attribue ma résolution à une secrète pensée d'abdication.

» Je n'ai pas à justifier la voie que je me suis tracée. Je plains ceux qui ne m'ont pas compris ; mais toutes les espérances basées sur l'oubli de mes devoirs sont vaines.

» Je n'abdiquerai jamais.

» Je ne laisserai pas porter atteinte, après l'avoir conservé intact pendant quarante années, au principe monarchique, patrimoine de la France, dernier espoir de sa grandeur et de ses libertés.

» Le césarisme et l'anarchie nous menacent encore, parce que l'on cherche dans des questions de personnes le salut du pays, au lieu de le chercher dans les principes.

» L'erreur de notre époque est de compter sur les expédients de la politique, pour échapper aux périls d'une crise sociale.

» Et cependant la France, au lendemain de nos désastres, en affirmant dans un admirable élan sa foi monarchique, a prouvé qu'elle ne voulait pas mourir.

» Je ne devais pas, dit-on, demander à nos valeureux soldats de marcher sous un nouvel étendard.

» Je n'arbore pas un nouveau drapeau, je maintiens celui de la France, et j'ai la fierté de croire qu'il rendrait à nos armées leur antique prestige.

» Si le drapeau blanc a éprouvé des revers, il y a des humiliations qu'il n'a pas connues.

» J'ai dit que j'étais la réforme; on a feint de comprendre que j'étais la réaction.

» Je n'ai pu assister aux épreuves de l'Église sans me souvenir des traditions de ma patrie. Ce langage a soulevé les plus aveugles passions.

» Par mon inébranlable fidélité à ma foi et à mon drapeau, c'est l'honneur même de la France et son glorieux passé que je défends, c'est son avenir que je prépare.

» Chaque heure perdue à la recherche de combinaisons stériles profite à tous ceux qui triomphent de nos abaissements.

» En dehors du principe national de l'hérédité monarchique sans lequel je ne suis rien, avec lequel je puis tout, où seront vos alliances? Qui donnera une forte organisation à notre armée? Qui rendra à notre diplomatie son autorité? à la France son crédit et son rang?

» Qui assurera aux classes laborieuses le bienfait de la paix, à l'ouvrier la dignité de sa vie, les fruits de son travail, la sécurité de sa vieillesse?

» Je l'ai répété souvent, je suis prêt à tous les sacrifices compatibles avec l'honneur, à toutes les concessions qui ne seraient pas des actes de faiblesse.

» Dieu m'en est témoin, je n'ai qu'une passion au

cœur, le bonheur de la France ; je n'ai qu'une ambition, avoir ma part dans l'œuvre de reconstitution qui
ne peut être l'œuvre exclusive d'un parti, mais qui réclame le loyal concours de tous les dévouements.

» Rien n'ébranlera mes résolutions, rien ne lassera
ma patience, et personne, sous aucun prétexte, n'ob-
tiendra de moi que je consente à devenir le roi légitime de la Révolution.

» HENRI. »

LETTRE DE M. LE COMTE DE CHAMBORD
A M. DE RODEZ-BENAVENT

—

« Frohsdorf, le 19 septembre 1873.

« Le sentiment qu'on éprouve, mon cher vicomte, en lisant les détails que vous me donnez sur la propagande révolutionnaire dans votre province, est un sentiment de tristesse ; on ne saurait descendre plus bas pour trouver des armes contre nous, et rien n'est moins digne de l'esprit français.

» En être réduit, en 1873, à évoquer le fantôme de la dîme, des droits féodaux, de l'intolérance religieuse, de la persécution contre nos frères séparés ; que vous dirai-je encore ? du gouvernement des prêtres, de la prédominance des classes privilégiées ! vous avouerez qu'on ne peut pas répondre sérieusement à des choses si peu sérieuses. A quels mensonges la mauvaise foi n'a-t-elle pas recours lorsqu'il s'agit d'exploiter la crédulité publique ? Je sais bien qu'il n'est pas toujours facile, en face de ces indignes manœuvres, de conserver son sang-froid, mais comptez sur le bon sens de vos intelligentes populations pour faire justice de pareilles sottises. Appliquez-vous surtout à faire appel à tous les honnêtes gens, sur le terrain de la reconstitution sociale. Vous savez que je ne suis point un parti, et que je ne veux pas revenir pour régner par un parti : j'ai besoin du concours de tous, et tous ont besoin de moi.

» Quant à la réconciliation si loyalement accomplie
dans la Maison de France, dites à ceux qui cherchent
à dénaturer ce grand acte, que tout ce qui a été fait le
5 août a été bien fait, dans l'unique but de rendre à la
France son rang, et dans les plus chers intérêts de sa
prospérité, de sa gloire et de sa grandeur.

» Comptez, mon cher Rodez, sur toute ma gratitude
et ma constante affection.

» HENRI. »

TROISIÈME MANIFESTE

—

« Français,

» Vous avez demandé le salut de notre patrie à des solutions temporaires, et vous semblez à la veille de vous jeter dans de nouveaux hasards.

» Chacune des révolutions survenues depuis quatre-vingts ans a été une démonstration éclatante du tempérament monarchique du pays.

» La France a besoin de la Royauté. Ma naissance m'a fait votre Roi.

» Je manquerais au plus sacré de mes devoirs, si, à ce moment solennel, je ne tentais un suprême effort pour renverser la barrière de préjugés qui me sépare encore de vous.

» Je connais toutes les accusations portées contre ma politique, contre mon attitude, mes paroles et mes actes.

» Il n'est pas jusqu'à mon silence qui ne serve de prétexte à d'incessantes récriminations. Si je l'ai gardé depuis de longs mois, c'est que je ne voulais pas rendre plus difficile la mission de l'illustre soldat dont l'épée vous protége.

» Mais, aujourd'hui, en présence de tant d'erreurs accumulées, de tant de mensonges répandus, de tant d'honnêtes gens trompés, le silence n'est plus permis. L'honneur m'impose une énergique protestation.

» En déclarant, au mois d'octobre dernier, que j'étais prêt à renouer avec vous la chaîne de nos destinées, à relever l'édifice ébranlé de notre grandeur nationale, avec le concours de tous les dévouements sincères, sans distinction de rang, d'origine et de parti ;

» En affirmant que je ne rétractais rien des déclarations sans cesse renouvelées, depuis trente ans, dans les documents officiels et privés qui sont dans toutes les mains ;

» Je comptais sur l'intelligence proverbiale de notre race et sur la clarté de notre langue.

» On a feint de comprendre que je plaçais le pouvoir royal au-dessus des lois et que je rêvais je ne sais quelles combinaisons gouvernementales basées sur l'arbitraire et l'absolu.

» Non, la Monarchie chrétienne et française est dans son essence même une Monarchie tempérée, qui n'a rien à emprunter à ces gouvernements d'aventure qui promettent l'âge d'or et conduisent aux abîmes.

» Cette Monarchie tempérée comporte l'existence de deux Chambres, dont l'une est nommée par le souverain, dans des catégories déterminées, et l'autre par la nation, selon le mode de suffrage réglé par la loi.

» Où trouver ici la place de l'arbitraire ?

» Le jour où, vous et moi, nous pourrons face à face traiter ensemble des intérêts de la France, vous apprendrez comment l'union du peuple et du roi a permis à la monarchie française de déjouer pendant tant de siècles les calculs de ceux qui ne luttent contre le roi que pour dominer le peuple.

» Il n'est pas vrai de dire que ma politique soit en désaccord avec les aspirations du pays.

» Je veux un pouvoir réparateur et fort, la France

ne le veut pas moins que moi. Son intérêt l'y porte, son instinct le réclame.

» On recherche des alliances sérieuses et durables ; tout le monde comprend que la monarchie traditionnelle peut seule nous les donner.

» Je veux trouver dans les représentants de la nation des auxiliaires vigilants, pour l'examen des questions soumises à leur contrôle ; mais je ne veux pas de ces luttes stériles de Parlement, d'où le souverain sort, trop souvent, impuissant et affaibli ; et si je repousse la formule d'importation étrangère, que répudient toutes nos traditions nationales, avec son roi qui règne et qui ne gouverne pas, là encore je me sens en communauté parfaite avec les désirs de l'immense majorité, qui ne comprend rien à ces fictions, qui est fatiguée de ces mensonges.

» Français,

» Je suis prêt aujourd'hui, comme je l'étais hier.

» La Maison de France est sincèrement, loyalementréconciliée. Ralliez-vous, confiants, derrière elle.

» Trêve à nos divisions, pour ne songer qu'aux maux de la patrie ! N'a-t-elle pas assez souffert ? N'est-il pas temps de lui rendre, avec sa royauté séculaire, la prospérité, la sécurité, la dignité, la grandeur, et tout ce cortége de libertés fécondes que vous n'obtiendrez jamais sans elle ?

» L'œuvre est laborieuse, mais, Dieu aidant, nous pouvons l'accomplir.

» Que chacun, dans sa conscience, pèse les responsabilités du présent et songe aux sévérités de l'histoire.

» HENRI. »

Nous croyons devoir citer comme complément de notre travail sur le *drapeau*, le remarquable article publié, en 1874, à l'occasion de l'anniversaire du 21 *Janvier*, par un de nos écrivains les plus distingués, M. Armand de Pontmartin :

« Un grand souffle royaliste a circulé pendant trois mois d'un bout de la France à l'autre ; déjà il nous rendait la joie, le mouvement et la vie. L'espérance était immense, elle paraissait certaine... Ah ! ce n'est pas dans ce jour de deuil et de pardon que nous voudrions revenir sur cette question douloureuse et rouvrir cette blessure ! Seulement, là où la raison se tait, l'imagination peut encore parler ; permettez-moi donc une illusion et une conjecture.

» Je suppose que notre beau rêve s'est réalisé. La restauration monarchique est un fait accompli. Depuis deux mois, nous avons un roi, et ce roi s'appelle Henri V. Arrive le 21 janvier. Voici quarante-quatre ans que cet ineffaçable anniversaire n'a été célébré que par tolérance, en sourdine, grâce à une sorte de pudeur qui engageait les hommes du gouvernement à fermer les yeux, si quelques groupes vêtus de noir entraient ce jour-là dans les églises. Cette année ce ne peut plus être la même chose, c'est la première fois, depuis le 21 janvier 1830, que le trône est en intimité avec le tombeau. Il est naturel et légitime, n'est-ce pas ? que le petit-neveu de la royale victime, appelé à réparer tout ce que la révolution a détruit, paie à cette date néfaste tout un arriéré de pieuse solennité ;

et soyez tranquilles ! s'il hésitait, les dissidents et les retardataires, les monarchistes de la onzième heure, les adorateurs du succès et du soleil levant, ne seraient pas les derniers à le lui conseiller.

» Il y aura donc un service solennel, en harmonie avec toutes les majestés de l'exil, de la royauté et du martyre, non plus dans la chapelle de la rue d'Anjou, qui serait bien trop petite pour l'élite des habitués et pour la multitude des nouveaux venus, mais dans la plus glorieuse de nos basiliques, à Notre-Dame de Paris. Les Tuileries n'étant plus qu'un monceau de décombres pour cause de révolution, le roi habite l'Elysée-Bourbon. Le voilà s'acheminant vers l'antique cathédrale où se sont tant de fois agenouillés ses ancêtres, où tout va lui parler de ce passé qu'il réconcilie avec le présent.

» Le voilà entouré des grands dignitaires de la couronne, des représentants de tous les pouvoirs de l'État, des maréchaux de France, des membres de l'Assemblée et de quelques serviteurs obscurs qui se sont associés au brillant cortége par droit de fidélité. Il descend la rue du faubourg Saint-Honoré, passe par la rue Royale, arrive à la place dite de la Concorde, et s'avance lentement vers ce qui reste du vieux Paris.

» Sur son passage, les fenêtres de ces hôtels, les façades de ces maisons demeureront-elles muettes ? N'ont-elles pas leur langage, quand elles veulent fêter un souverain, se réjouir d'une victoire, s'affliger d'un malheur, protester contre un crime, s'unir à un sentiment de tristesse ou d'espérance nationale ? Oui, elles s'ouvrent, elles s'animent, elles parlent, et leur parole, c'est un drapeau... Un drapeau ! Mais que vois-je ?

Ce n'est donc pas la royauté qui s'affirme, c'est la révolution qui se continue ? A ce roi qui vous apporte le salut, la prospérité, la durée, la liberté, le repos, l'honneur, voilà ce que vous donnez en échange : la douleur, l'horrible douleur d'avoir à saluer, dans ce funèbre itinéraire, le drapeau qui prit sa part de toutes les journées révolutionnaires ; qui pavoisa toutes les stations du Calvaire royal ; qui, le 6 octobre 1789, se ruait avec la populace sur la route de Versailles ; qui, le 22 juin 1791, ramenait bruyamment de Varennes les augustes fugitifs ; qui, le 20 juin 1792, forçait les appartements de la Reine ; qui le 10 août, guidait les envahisseurs des Tuileries ; qui, le 2 septembre, couvrait de ses plis les assassins de l'Abbaye et des Carmes ; qui s'agitait au vent d'automne sur la tour du Temple ; qui, le 21 janvier, fit la haie entre la prison et l'échafaud, et que, trente-sept ans plus tard, l'orphelin, innocent de nos malheurs et de nos fautes, vit flotter de Paris à Cherbourg ; oriflamme de la plus fatale des révolutions, symbole de la plus sinistre des victoires, prélude des plus affreuses de toutes nos calamités !

» Ainsi tout est froissé, meurtri, déchiré dans ce cœur si droit et si pur : les affections les plus sacrées et les idées les plus pratiques, les souvenirs de sa race et l'instinct de sa mission, les liens qui l'unissent à dix siècles de grandeur et de gloire, et l'espoir qui le rattache à une grande régénération sociale. Singulière contradiction, bien faite pour troubler les consciences ! Rappelé comme l'expression suprême du principe qui peut nous sauver, le roi débute par une symbolique alliance avec le principe qui nous a perdus. N'ayant pas trop de toute la force que lui donne son droit de naissance, il commence par aliéner une partie de cette force au profit de la révolution qui s'est jouée de ce droit. Invitant le pays tout entier à venir prier avec lui pour le martyr du 21 janvier, il marche les yeux baissés de peur d'apercevoir, sur la place même où est tombée la tête royale, le drapeau qui fut témoin et complice du régicide. Il légitime ce que 93 a réalisé. Voyons ! Etait-ce possible ? Si ce n'était pas possible, pourquoi l'avez-vous demandé ? Si c'était à la fois impossible et nécessaire, pourquoi vous lancer dans une aventure qui devait, en avortant, nous laisser tous plus irrités, plus énervés et plus désunis ?

» Armand de Pontmartin. »

Imp. coop. de Reims, rue Pluche, 24 (E. Gény, direct.)

www.ingramcontent.com/pod-product-compliance
Lightning Source LLC
Chambersburg PA
CBHW051617060726
47597CB00004B/1326